SP 529 WIL

3 4880 05000576 3
Willis, Shirley.

Dime que hora es

C-10

$9.96

DATE DUE	BORROWER'S NAME	ROOM NO.
103	Deanuie	
103	D.J.	
209	Fabian	24,209
212	Maria 5/6/09	212

3 4880 05000576 3
Willis, Shirley.

SP 529 WIL

Dime que hora es

C-1

SP
529
wil $1 9.96

c-1

SHIRLEY WILLIS nació en Glasgow, Escocia. Ha trabajado como ilustradora, diseñadora y redactora, principalmente de libros para niños.

BETTY ROOT era la Directora del Centro de Lectura e Información sobre el Lenguaje de la Universidad de Reading, Inglaterra, durante más de 20 años. Ha trabajado con numerosos libros para niños, incluyendo obras de ficción y literatura fuera de la novelística.

PETER LAFFERTY era maestro de ciencias de una secundaria. Desde 1985 se ha dedicado a escribir libros de ciencias y technología para niños y para la lectura en casa. Ha redactado y contribuído a varios diccionarios y enciclopedias y científicos.

UN LIBRO DE SBC, CONCEBIDO, REDACTADO Y DISEÑADO POR THE SALARIYA BOOK COMPANY, 25, MARLBOROUGH PLACE, BRIGHTON, EAST SUSSEX BN1 1UB, REINO UNIDO.
© THE SALARIYA BOOK COMPANY LTD MCMXCIX

PRIMERA EDICIÓN ESTADOUNIDENSE 1999, FRANKLIN WATTS GROLIER PUBLISHING CO., INC., 90 SHERMAN TURNPIKE, DANBURY, CT 06816

ISBN 0-531-11846-0 (LIB. BDG.)
ISBN 0-531-15996-5 (PBK.)

VISITE A FRANKLIN WATTS EN EL INTERNET A:
HTTP://PUBLISHING.GROLIER.COM

REDACTORA: KAREN BARKER SMITH
AYUDANTE DE REDACCIÓN: STEPHANIE COLE
ESPECIALISTA TÉCNICO: PETER LAFFERTY
ESPECIALISTA DE LENGUAJE: BETTY ROOT

GROLIER
PUBLISHING

EL LUNES
EL MARTES
EL MIERCOL

LOS ESTUPENDOS

ÍNDICE GENERAL

Dondequiera que veas este símbolo, pídele a un adulto que te ayude.

LOS ESTUPENDOS
DIME QUÉ HORA ES

Escrito e
ilustrado por
SHIRLEY WILLIS

W

FRANKLIN WATTS
A Division of Grolier Publishing
NEW YORK • LONDON • HONG KONG • SYDNEY
DANBURY, CONNECTICUT

¿QUÉ ES EL TIEMPO?

El tiempo pasa. No puedes verlo, pero el tiempo siempre sigue adelante.

Dormimos durante la noche pero el tiempo no se detiene. Sigue pasando todo el día y toda la noche. Mientras leías estas palabras, el tiempo seguió adelante.

MIENTRAS ESTAMOS DORMIDOS...

Z Z Z Z Z Z Z Z

6

AYER

El día que acaba de pasar se llama ayer.

HOY

El día en que estamos ahora se llama hoy.

MAÑANA

El día que vendrá se llama mañana.

¡EL TIEMPO NOS LLEVA AL DÍA SIGUIENTE!

¿ADÓNDE VA EL TIEMPO?

Cuando el tiempo pasa,
se ha ido para siempre.
El tiempo no regresa,
sino que sigue adelante.

EL PASADO

El pasado se acabó.
Es el tiempo que
se ha ido.

EL PRESENTE

El presente es
el tiempo en que
ocurren los sucesos
ahora mismo.

EL FUTURO

El futuro es
el tiempo que
vendrá después de
este momento.

¡ME ACUERDO DEL PASADO!

8

Se puede planear
el futuro pero
nunca se puede
estar seguro de
cómo resulte.

¡VIVO EN
EL PRESENTE!

¡SUEÑO CON
EL FUTURO!

Cuando el tiempo
pasa, sigue adelante
hacia el futuro.

¿HA PASADO EL TIEMPO?

Un reloj te dice que el tiempo ha pasado. También te lo dice el cuerpo.

¡SERÁ LA HORA DE LA COMIDA!

¡GRRR! ¡GRRR!

EL RELOJ DEL CUERPO

El cuerpo te recuerda del tiempo. La barriguita gruñe cuando es la hora de comer. No puedes dejar de bostezar cuando es la hora de dormir.

¡SERÁ LA HORA PARA ACOSTARME!

¡BOSTEZO!

Nos damos cuenta de cómo pasa el tiempo cuando el día se convierte en noche.

Pon un palito en una maceta llena de tierra. Ahora pon la maceta en un lugar asoleado del patio de recreo. Utiliza la tiza para dibujar una línea alrededor de la sombra del palito. Haz esto una vez cada hora.

¿Qué pasa con la sombra? Mientras que el día pasa, la sombra sigue moviendo exactamente como el movimiento del sol en el cielo.

Cada día amanece y el sol se levanta, se mueve por el cielo y después se pone. El sol es como un reloj que mide las horas del día. Antes de la invención del reloj, la gente utilizaba el sol para medir el tiempo.

11

¿POR QUÉ PASA EL TIEMPO TAN LENTAMENTE?

El tiempo nunca pasa ni más rápidamente ni más lentamente — solamente parece hacerlo. El tiempo siempre pasa exactamente a la misma velocidad.

El tiempo nunca pasa lentamente, pero parece que no va a pasar nunca cuando estás aburrido.

¡IR DE COMPRAS DURA ETERNIDADES!

APRENDE POR TU PROPIA CUENTA

Utiliza un reloj de arena para experimentar.

1. Pon arena en la parte de arriba de un reloj de arena. Juega con tus amigos en el patio de recreo hasta que haya bajado toda la arena.

2. Pon arena en la parte de arriba de un reloj de arena. Ahora pónganse todos de pie y quédense quietos hasta que haya bajado toda la arena.

¿Pasó el tiempo más lentamente?
El reloj de arena midió la misma cantidad de tiempo cada vez.

¡NUNCA HAY TIEMPO SUFICIENTE!

¡UUUFFFF!

El tiempo nunca pasa rápidamente, pero parece hacerlo cuando te estás divirtiendo.

¿YA ES LA HORA?

Necesitamos entender como pasa el tiempo. Nos ayuda a hacer las cosas en el día correcto y a la hora correcta.

¡LLEGASTE TARDE!

El tiempo nunca te espera. El tiempo se acaba.

Es mejor llegar puntualmente — no llegar ni temprano ni tarde.

¿QUÉ DÍA ES HOY?

Hay siete días en una semana. Cada día tiene su nombre y su lugar en el semana.

¡LA SEMANA SIEMPRE EMPIEZA CON EL LUNES!

Cuando pasan siete días, una semana nueva empieza. Empezamos otra vez con el primer día.

¿CÓMO PASAS EL TIEMPO?

Escribe en secuencia los días de la semana.
Ahora, piensa en lo que haces cada día.
¿Hay algo que haces a la misma hora cada día?
¿Hay algo que haces a la misma hora cada semana?

EL SÁBADO Y EL DOMINGO SE LLAMAN EL FIN DE SEMANA

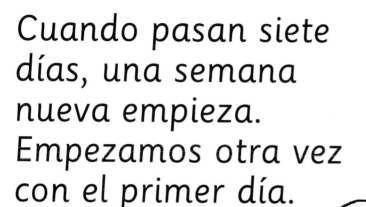

EL VIERNES

EL SÁBADO

EL DOMINGO

5

6

7

17

¿CUÁNTo TIEMPo DURA UN DÍA?

Un día dura 24 horas. Algunas horas son de la noche y algunas son del día.

En cada día hay horas del día y horas de la noche.

El día empieza mucho antes de que te despiertes. Cada día nuevo empieza a la medianoche.

¡ES EL PRINCIPIO DEL DÍA PERO... ES LA MEDIANOCHE!

Cada día nuevo empieza cuando estás en la cama, bien dormido(a).

¿CUÁNTO TIEMPO DURA UNA HORA?

Una hora dura bastante tiempo. Normalmente tenemos una hora para comer a mediodía.

Dividimos cada hora en pequeñas partes iguales que se llaman minutos. Hay 60 minutos en cada hora.

¡TARDÉ UNA HORA PARA PREPARAR ESTE PASTEL!

¿CUÁNTO TIEMPO QUEDA?

¡TARDAMOS SOLAMENTE CINCO MINUTOS PARA COMER ESTE PASTEL!

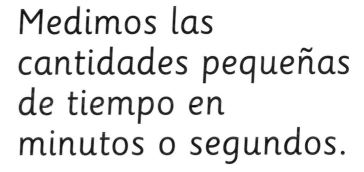

Medimos las cantidades pequeñas de tiempo en minutos o segundos.

Un minuto pasa rápidamente. No es mucho tiempo.

Un segundo pasa aún más rápidamente. Es menos tiempo que un minuto.

¡UN MINUTO!

¿Cuánto tiempo dura un minuto? Adivina cuántas veces puedes aplaudir, hacer rebotar una pelota o saltar en un minuto. Pide a una persona mayor que te ayude.

¡UN SEGUNDO!

¿Cuánto tiempo dura un segundo? Pon tu mano en tu pecho para sentir el latido de tu corazón. El espacio de tiempo entre cada latido dura acerca de un segundo.

¡TUN!

¡TUN!

23

¿QUÉ HORA ES?

Los relojes miden el tiempo en horas y minutos para nosotros. Miramos el reloj para ver cuánto tiempo ha pasado y cuánto tiempo nos queda.

LAS MANECILLAS DEL RELOJ...

CUANDO AMBAS MANECILLAS SEÑALAN EL NÚMERO 12, ¡SERÁN LAS 12 DEL DÍA!

La manecilla grande indica cada minuto que pasa.

24

Las manecillas del reloj siempre se mueven en la misma dirección.

VAN EN ESTA DIRECCIÓN

¡PRONTO SERÁ LA HORA DEL ALMUERZO!

La manecilla pequeña señala cada hora que pasa.

¿QUÉ ESTACIÓN DEL AÑO ES?

Hay cuatro estaciones en cada año: la primavera, el verano, el otoño y el invierno.
Cada estación trae cambios durante el año.

LA PRIMAVERA

Muchos retoños y capullas brotan en la primavera.

EL VERANO

Hay días calurosos y se cierra la escuela en el verano.

EL OTOÑO

Las hojas cambian de color y caen de los árboles en el otoño.

EL INVIERNO

Hay días cuando hace mucho frío, pero el invierno puede ser muy divertido.

¿QUÉ ES LO QUE PUEDE RODAR?

Necesitarás:

2 pedazos de cartulina (apróximadamente (9 por 9 pulgadas)
1 plato de papel (9 pulgadas)
1 regla
Plumas o marcadores con puntas de fieltro
1 sujetador de papel
Tijeras

1. Traza dos líneas en cada pedazo de cartulina.

2. Pon el plato de papel arriba de cada pedazo de cartulina y dibuja alrededor de ello.

3. Corta los círculos. Pide a una persona mayor que te ayude.

4. Corta un pedazo de solamente uno de los círculos.

5. En el otro círculo, haz un dibujo de cada estación.

6. Pon un sujetador de papeles en medio de los círculos para juntarlos.

1.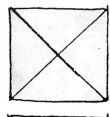

2.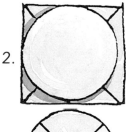

3.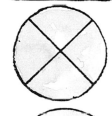

4.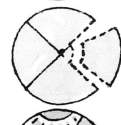

5.

6.

Da vuelta al círculo de encima. Observa cómo cambian las estaciones.

27

¿DURA MUCHO TIEMPO UN AÑO?

LOS MESES DEL AÑO

ENERO

FEBRERO

MARZO

ABRIL

MAYO

JUNIO

JULIO

Un mes dura acerca de 30 días. Cada mes tiene su propio nombre y su lugar en el año.

¿QUÉ ES LO QUE SIGUE?

Cada día, semana y mes del año tiene su lugar en un calendario. Los calendarios nos ayudan a planear el tiempo.

Un año dura 365 días. Se divide cada año en 12 partes que se llaman meses.

MARZO

AGOSTO   SEPTIEMBRE   OCTUBRE   NOVIEMBRE   DICIEMBRE

28

MARZO

Ena

Viviana

Juan

UNA GRÁFICA DE LOS CUMPLEAÑOS

Necesitarás:
> 12 tarjetas de cartulina no muy gruesas (apróximadamente 6 por 6 pulgadas).
> Tachuelas
> Plumas o marcadores con punta de fieltro de varios colores de tinta

1. Hay doce meses en un año. Escribe el nombre de un mes en cada tarjeta.
2. ¿Cuándo es tu cumpleaños? Busca la tarjeta correcta y escribe tu nombre allí. Pide que todos tus compañeros de clase hagan la misma cosa.
3. Ahora peguen Uds. las tarjetas en la pared. (Asegúrate de que todos los meses estén en el orden correcto. Véase la página 28.)

¡FELIZ CUMPLEAÑOS!

29

GLOSARIO

año   Una unidad de tiempo que dura 365 días. Es igual a 52 semanas o doce meses.

calendario   Una gráfica que muestra cada día, semana y mes del año según el arreglo apropiado.

día   Una unidad de tiempo que dura 24 horas.

estación   Parte de un año. Cada estación dura acerca de 3 meses.

fin de semana El sábado y el domingo.

hora   Una unidad de tiempo que dura 60 minutos.

mes   Una de las doce partes del año.

medianoche   Las 12 de la noche. Es cuando empieza otro día nuevo.

minuto   Una unidad de tiempo que dura 60 segundos.

noche   La parte del día entre el amanecer y el anochecer.

reloj   Un objeto para marcar el tiempo.

retoño   Una planta que empieza a nacer o brotar.

segundo   Una unidad de tiempo muy corta.

semana   Una unidad de tiempo de 7 días.

tarde   Después del tiempo planeado.

temprano   Antes del tiempo planeado.

ÍNDICE